ウー・ウェンの毎日黒酢

ウー・ウェン

はじめに

もっと酢に親しんで、料理に使ってさらに健康に。

黒酢は、毎日使えて減塩、減糖も叶える万能調味料。

酢が体にいいというのは、みなさん、よくご存じですよね。生活習慣病の予防にいいとか疲労回復にいいとか、他にも様々ありますが、いろんなところで酢の健康効果を耳にすると思います。

最近は、微生物の働きを生かした発酵食品が再び見直されていますが、酢も、醤油や味噌と同じ発酵調味料。醤油や味噌と違うのは、酢には塩分が含まれていないこと。こんなに健康にいい調味料なんて、酢の他にはないいんじゃないでしょうか。

ですが、体にいいと分かっていても、あのツンとした独特の香りが苦手という人は結構いますよね。そうなると、どうしても使う場面が限られてしまう。それに、そもそも酸っぱいものって、一度にそうたくさんは食べられません。だから、みなさん、酢がうまく使えないというのです。

けれど、酢はなにも、料理に酸味を加えるためだけのものではありません。日本だと、味つけの基本「さ・し・す・せ・そ」において、「す（酢）」は主に、酸味や風味を加えて味に変化をつける役割がありますが、中国では違います。中国で酢といえば「黒酢」のこと。その使い方は、ほとんどが料理の隠し味なんです。酢の物のように、酢の味を前面に出す使い方はあまりしません。

では、どんなふうに使うかというと、例えば、料理の味をまろやかにしたいとき。素材や他の調味料の味を中和させたいとき。肉や魚の骨をやわらかくしたいとき。野菜の持ち味を生かすための下ごしらえや、仕上げにも使います。

黒酢は、米酢と比べると酸味がまろやかで主張しすぎず、風味もよいので、隠し味にはうってつけの存在。しかもうまみが強いので、醤油の代わりにもなります。中国の台所では、黒酢は出番が本当に多くて、「醤油にする？　黒酢にする？」というやりとりもしょっちゅうのこと。むしろ、黒酢は醤油より消費量が多いくらい。それほど毎日の家庭料理に欠かせない、基本的な調味料なのです。

素材の味を引き立たせ、料理をぐっとおいしくしてくれる。さらに、醤油や砂糖の量を減らすこともできるから、減塩、減糖にもいい。こんなに使い勝手がよくて、いいことずくめの万能調味料なのに、日本では黒酢はドリンクとして使われがち。「調味料なのにどうして飲むの？大さじ1杯を薄めて飲むなら、大さじ1杯を料理に使えばいいのに」と、私はいつも不思議に思っていました。料理なら、大さじ1杯どころか、3杯も5杯も使えるんですから。

だから声を大にして言いたいのです。みなさん、もっと酢に親しんで、たくさん料理に使って食べて、健康になりましょうよ、と。無理して飲まなくても、おいしく食べられる方法はたくさんあるのですから。

本書では、毎日の家庭料理でどんなふうに黒酢を使ったらいいか、黒酢を使うことでどんな効果があるのか、私が長年作ってきた料理をもとにお話しします。

ご紹介するのは、まず、黒酢を使った10種類のタレ。黒酢だからこそおいしくできるタレで、忙しいみなさんの強い味方になってくれるはずです。これさえ覚えておけば、毎日の料理がうんとラクに、おいしくなりますので、ぜひ活用していただきたいと思います。

次に、私が実践している天然のサプリメントである、まるごと食べられる魚料理。私は市販のサプリメントはまったく飲みません。毎日の食事でしっかり栄養をとるのが一番だと思うからです。だから、体にいいものは毎日食べる。私の生活に欠かせない魚料理での、黒酢の使い道についてお話ししましょう。

そして野菜料理。具材は他にはナシ。一種類の野菜で、炒め物と和え物を作ります。「こん

なところにも黒酢を使うの？」と驚かれる作り方ですが、きれいな味に仕上げるために黒酢は欠かせないのです。

さらに、みなさんも大好きな麺料理と肉のおかず、スープにも黒酢は大活躍です。

作りやすく、基本的な調味料とメインの食材があればできる料理ばかりを紹介していますので、「野菜料理＋麺料理＋肉のおかず」というふうに、この本の中から組み合わせて献立にしてもいいと思います。ですから、名脇役になる基本の調味料だけ、しっかり持っておいてください。基本は大切です。

私たちの体は、その日、その日、食べたもので作られます。一度栄養のあるものを食べたからといって、それは持続しないのです。だから、健康でいたいと思うなら、日々、体にいいものを食べなくてはいけません。

そのために、私は毎日料理をします。料理というと、みなさんすぐに「好き」とか「嫌い」とかいう話になりますが、私はいつも言うんです。「嫌いとか言っていられないよ。だって料理をしないと生きられないんだから！」って。自分と家族の健康を考えるなら、なおさらです。

人間はみんな自分が主役。生きるために、自分の健康を支えるために、日々、体によくて、おいしいものを食べてほしいと思います。この本がそのお役に立てることを願って。

目次

まろやかに、やわらかく、さっぱりと
少ない調味料で作る肉のおかず 90

滋養をつけて体を整える
スープは栄養のある水分 114

- 本書で使用している計量カップは２００㎖、計量スプーンは大さじ１＝15㎖、小さじ１＝５㎖です。
- 本書のレシピで使用している酢はミツカンの「純玄米黒酢」です。

家庭料理の強い味方

10種のタレで食べ方無限大

タレは自分で作れます。タレさえあれば10品が100品にも。

みなさん、毎日忙しくて、なかなかゆっくり台所に立つ時間がとれないかもしれません。私もそうです。

そういうとき、毎日の家庭料理の強い味方になってくれるのがタレです。タレさえあれば、シンプルに肉を焼くだけ、野菜を蒸すだけ、食材を揚げるだけでいいし、同じ料理でもタレをかえれば味が変わります。料理の考え方がぐっとラクになりますね。

今は、スーパーに行けば既製のタレやドレッシングがずらりと並んでいますが、既製品は塩分も糖分も多く、味が濃くなりがち。添加物も気になります。私は市販のタレは持っていません。だって、基本の調味料さえあれば簡単に作れますし、そのほうがおいしい。安心、安全で体にもいいですよね。難しいことはありませんから、タレはぜひ自分で作ってほしいと思います。

そのタレをおいしく作るために、私は黒酢を使います。黒酢は、うまみと風味が強く、味もまろやか。酸味もやわらかいので、タレにしたときに他の調味料や香辛料、香味野菜とうまく調和してくれるんですね。米酢で作ろうとすると、ツンとした香りが前面に出て、一人だけ目立ってしまいますが、黒酢はみんなと仲良くできる酢。タレに向いています。

黒酢というと、「使ってみたいけど、どうやって使ったらいいか分からない」という声をよく聞きますが、むしろ他の酢より使いやすいんじゃないかと思います。簡単ですし、普段の料理にも合わせやすいので、まずはタレから取り入れてみてはどうでしょうか。

これから10種類の黒酢ダレをご紹介します。10と言っても、大きく分けて「混ぜて作るタレ」と「加熱して作るタレ」の2つ。「混ぜて作るタレ」は、基本の考え方が分かれば、あとは応用です。

「混ぜて作るタレ」は、フレッシュな香りを楽しめる、シンプルなおいしさのタレ。料理をしながら手早く作れます。一方、「加熱して作るタレ」は、加熱することで材料同士が調和し合い、奥深く、複雑な味わいと香りが生まれるタレ。酸味もよりまろやかになりますので、酸っぱいのが苦手な人でも食べやすくなります。火を通していますので、日持ちもします。

それぞれのタレは、どのご家庭でもよく作る普段の料理に合わせましたが、これはあくまで食べ方の一例です。どのタレをどの料理に合わせてもおいしくいただけますので、自由に試してください。

タレがあれば、いつもの10品が１００品にも。おいしさも楽しみも無限大になります。

ごま塩ダレ
わさびダレ
香味ダレ
ねぎしょうがダレ
豆豉ダレ
麻辣ダレ

しょうがダレ
基本のタレ
辛子ダレ
ごま醤油ダレ

混ぜて作るタレ

黄金比さえ覚えておけば、あとは混ぜるだけ。

早速、「混ぜて作るタレ」からご説明しましょう。

「基本のタレ」を作る前にまず覚えていただきたいのが、「味のベース」です。味のベースは、醤油と黒酢で作ります。

ここでは醤油は塩味の役割を果たしますが、そこに黒酢を加えて、うまみと風味をプラスします。そうすることで醤油の塩味がマイルドになり、味を作るうえで大切な酸味も加わります。

この酸味は、フランスならワインビネガー、イタリアのほうに行けばバルサミコ酢など、いろんなものがありますよね。原材料や製法はそれぞれ違うと思いますが、ヨーロッパと日本でとても似ているのは、果実を使うこと。特に日本は、柚子やすだち、かぼすなど、フレッシュな酸味がたくさんあります。

その点、中国には果実由来の酸味はあまりありません。中国では、酸味は徹底して「酢」。酢という、発酵した調味料で酸味を作ってきた文化なのです。醤油と黒酢はともに発酵食品ですから、とても相性がいい。発酵食品プラス発酵食品、絶対においしくなりますよね。両者が合わさることで、味に奥行きが出るのです。

そして、味のベースに黒酢を加えるもうひとつの利点は、醤油の量を減らせること。結果、減塩にも役立ちます。

黒酢：醤油＝1：1

「混ぜて作るタレ」は基本的に、この味のベースとなる黒酢と醤油を、1：1の比率で混ぜて、そこに「香り」と「油分」を足して作ると考えてください。各タレのレシピでは作りやすい分量をご紹介していますが、味のベースの比率は同じ。これさえ覚えておけば、自分の作りたい量で自由に加減できるので便利です。

「香り」づけの材料で一番身近なものといえば、こしょうだと思います。白、黒の2種類については、辛みが欲しいときは白こしょう、香りが欲しいときには黒こしょうを使うと覚えておきましょう。

そして、「油」は天然のうまみ調味料。味のベースをよりなめらかにし、タレに力を与えて

くれます。人間が生きていくためには、水分、塩分、油分が必要ですから、良質な油は適度にとったほうがいいのですよ。

「油」とひと口に言ってもいろいろな種類がありますが、一番の選択肢はごま油。これも、原料が穀物同士ですから、黒酢とは親戚や家族みたいなもので、仲がいいんですね。一見、仲良く見えても、実際はそうじゃないご家庭もあると思いますが（笑）、黒酢とごま油は本当に仲良しです。

この考え方で作ったのが、「**基本のタレ**」です。

黒酢：醤油：ごま油＝1：1：½

で混ぜ、香りづけの黒こしょうを加えます。

基本的な調味料だけでできるシンプルなタレで、どんな料理にも合わせられますが、例えば「たたききゅうり」に。黒酢が入ることで、うまみと風味がありながらも、さっぱりとした一品になります。

基本のタレ

黒酢：醤油：ごま油＝1：1：½

◎材料（作りやすい分量）
黒酢　大さじ3
醤油　大さじ3
ごま油　大さじ1½
黒こしょう　少々

たたききゅうり

◉材料(2〜3人分)
きゅうり　2本
粗塩　小さじ⅓
基本のタレ、
ミントの葉　各適量

1 きゅうりは皮を剥いて叩きつぶし、3等分に切る。
2 1に粗塩をふって20分おき、水気をとる。
3 器に盛ってタレをかけ、ミントの葉をのせる。

シンプルな料理ですが、おいしく作るには、きゅうりの皮を剥き、塩をふって水分を出しておくのがポイント。きゅうりをしんなりさせておくことで、タレとよく絡むのです。ミントの爽やかな香りがきゅうりと相性よしです。

基本のタレをもとに3つの応用です。

次に、基本のタレをもとにした応用を3パターンご紹介しましょう。

応用その❶　基本のタレに香味野菜を加えます。香味野菜の魅力は、なんと言ってもそのフレッシュな香り。新鮮な香りが加わることでタレに風味が増します。「**しょうがダレ**」ではすりおろしたしょうが、「**ねぎしょうがダレ**」では刻んだ長ねぎとしょうがを加えましたが、この2つは基本中の基本の香味野菜。これさえあれば、香りづけはクリアできます。

香味野菜は、香りはもちろん、気の巡りをよくしてくれるすぐれた「野菜」でもあります。体の熱やむくみをとり、体調を整えてくれる効果もありますし、食欲も刺激されますので、普段からたっぷり食べるといいです。ちなみに、香菜《シャンツァイ》は解毒作用があることで知られていますが、私は大葉やみょうがのほうが好み。香味野菜には種類がたくさんありますから、お好みで。何が必要かは、自分の体に聞くのが一番ですね。

しょうがダレと、ねぎしょうがダレは、ともに肉料理に合わせていますが、先ほどのたたききゅうりや冷や奴、蒸し野菜にもいいと思います。

応用その❷「香り」のアレンジです。基本のタレでは黒こしょうを使いましたが、「**わさびダレ**」「**辛子ダレ**」に変えてみます。黒酢ダレには花椒もよく合いますが、わさびと辛子なら、どのご家庭にもありますよね。

ところで、同じくどのご家庭にも大体あるものといえばマスタード。ですが、残念ながらこれは黒酢ダレには合いません。マスタードはやはり、オリーブオイルやバルサミコ酢、ワインビネガーと相性がいい。東洋の食材は東洋の食材と仲がいいということですね。醬油と黒酢の相性同様、食材のルーツは組み合わせを考えるうえでのよいヒントになります。料理は暮らしの中から自然に生まれてくるものですから。

応用その❸「油分」をアレンジします。基本のタレで「一番の選択肢はごま油」とお話ししましたが、ここでも相性のよさを考えて練りごまを使いました。練りごまは、炒りごまをペースト状にした「１００％ごま」ですから、ごまそのものの油分を含んでいます。油分はなにも油だけとは限りません。

今回は、練りごまを使って、ひとつは「**ごま醬油ダレ**」、もうひとつは「**ごま塩ダレ**」としました。それぞれ「香り」には花椒粉を使いました。私の大好きな「蒸しなす」と「バンバンジー」はもちろん、「和え麺」（86ページ）にもよく合いますから、多めに作っておいてもいいでしょう。

しょうがダレ

黒酢：醬油：ごま油：しょうが＝1：1：½：½

●材料（作りやすい分量）
黒酢　大さじ3
醬油　大さじ3
ごま油　大さじ1½
しょうが（すりおろし）　大さじ1½
黒こしょう　少々

しょうが焼きに

豚肉をシンプルに焼いて、このタレをかければ、それだけでしょうが焼きになります。あらかじめタレに漬けこんだり、焼くときに粉をまぶす必要もありませんので、時間がないときにもおすすめです。すりおろしたしょうがと黒酢のフレッシュな香りが焼いた肉によく合いますし、後味がさっぱりします。レタスとスライスした玉ねぎ、香りのアクセントにバジルを添えて。

ねぎしょうがダレ

黒酢：醬油：ごま油＝1：1：½

●材料（作りやすい分量）
黒酢　大さじ3
醬油　大さじ3
ごま油　大さじ1½
しょうが（みじん切り）　1かけ分
長ねぎ（みじん切り）　5cm分
黒こしょう　少々

とんかつに

みじん切りにしたしょうがと長ねぎの食感を生かした香味野菜のタレを、とんかつに合わせました。ふかふかのベッドのような千切りキャベツに、とんかつをのせて盛りつけます。とんかつの隣にキャベツを添えると、別にキャベツ用のドレッシングが必要になってしまうでしょう？　これならその必要なし。サラダのようにいっしょに食べるとんかつです。

わさびダレ

黒酢：醤油：ごま油：わさび＝1：1：½：¼

◎材料（作りやすい分量）
黒酢　大さじ3
醤油　大さじ3
ごま油　大さじ1½
わさび　大さじ¾

豚しゃぶに

しゃぶしゃぶ用の豚肉を茹でてしっかり水気をきり、わさびダレで和えました。わさびの爽やかな辛みとイタリアンパセリの香りがよいバランスです。レタスで巻いてぱくっと食べてください。豚しゃぶには、ごま塩ダレ（p34）もおすすめです。

辛子ダレ

黒酢：醤油：ごま油：辛子＝1：1：½：¼

◎材料（作りやすい分量）

黒酢　大さじ3
醤油　大さじ3
ごま油　大さじ1½
辛子　大さじ¾

春巻き、焼売に

小麦粉を使った料理は、黒酢ととても相性がいいです。わが家の春巻きは、一種類の具で作るオリジナル。日本でいう、天ぷらと同じですね。具材は、千切りのにんじん、ピーマン、アスパラ、いんげんなど。野菜料理を一品プラスする感覚で作ります。

ごま醤油ダレ

黒酢：醤油：練りごま：花椒粉＝1：1：1：1/5

●材料（作りやすい分量）
黒酢　大さじ3
醤油　大さじ3
白練りごま　大さじ3
花椒粉　大さじ3/5

なすを蒸している間にタレを混ぜて。
ヘルシーな蒸し料理は、
時間通りに蒸せば失敗もありません。

「こんなにたくさん！」
と思うかもしれませんが、ひとり
1～2本分はぺろりと食べてしまいます。

蒸しなす

◉材料(2〜3人分)
なす　5本
大葉、みょうが　適量
ごま醬油ダレ　適量

① なすは皮を剝く。大葉とみょうがは千切りにする。
② 蒸し器を火にかけ、蒸気がじゅうぶんにあがったところでなすを入れ、強火で2分、弱火で5分蒸し、火を止めてそのまま10分おく。
③ ②を食べやすい大きさに切って器に盛り、ごま醬油ダレをかけて大葉とみょうがをのせる。

中国ではなすは「飲み物」ですから、水分を逃さないよう、丸ごと蒸します。きれいに仕上がるよう、皮を剝いたらすぐに蒸します。

ごま塩ダレ

黒酢：塩：練りごま：しょうが：花椒粉＝1：¼：1：1：¼

◎材料（作りやすい分量）
黒酢　大さじ3
粗塩　大さじ¾
白練りごま　大さじ3
しょうが（すりおろし）　大さじ3
花椒粉　大さじ¾
水　大さじ3〜6

バンバンジー

◎材料（2〜3人分）
鶏ささみ　3本
きゅうり　適量
酒　大さじ1
粗塩　少々
黒こしょう　少々
ごま塩ダレ　大さじ2

① 鶏ささみは酒、粗塩、黒こしょうで下味をつけて20分おく。きゅうりは細切りにする。
② 蒸し器を火にかけ、蒸気がじゅうぶんにあがったところで鶏ささみを入れ、強火で2分、弱火で3分蒸し、火を止めてそのまま10分おく。
③ ②を裂いてごま塩ダレで和え、きゅうりとともに盛りつける。

蒸し料理は余熱が命。長い時間火にかけるのではなく、余熱でじんわり火を通すことで、ジューシーに仕上がります。タレが絡みやすくなるよう、ささみは必ず手で裂きます。麻辣ダレ（p44）、豆豉ダレ（p47）ともよく合います。

加熱して作るタレ

油と熱の力を利用し、材料を調和させます。

次は「加熱して作るタレ」です。

冒頭でお話しした通り、加熱して作るタレの魅力は、その複雑で奥行きのある味わい。材料同士が油と熱の力で仲良くなってこそ生まれる味です。ヒトは、火の利用によって加熱調理を覚えてから、大きな発展を遂げました。加熱することで食べ物を効率よく摂取、消化することができるようになり、寿命も延びましたし、生食できる食材を探しては食べる生活からも解放されました。火を使うのは料理の基本。熱の力は大きいのです。

これからご紹介するタレは、その熱の力を利用して作る「**香味ダレ**」「**麻辣《マーラー》ダレ**」「**豆豉《トウチ》ダレ**」の3つ。香味野菜や香辛料の香りをたたせ、じっくり油になじませて作るのがポイントです。

まずは「香味ダレ」。長ねぎ、しょうが、にんにくの3つの香味野菜を細かく切り、油に加えて、じっくり火を通します。

炒めるときは、焦げないよう弱火でじっくり。ゆっくりと油に香りを移すイメージです。炒めることで香味野菜の水分を抜き、油となじませます。

香味野菜にうっすら色がついて鍋の中に油が戻ってきたら、黒酢、醤油を加えてしっかり煮立たせて。煮立たせることで、全体がさらになじみ、まろやかになるのです。フレッシュな香味野菜はパッと爽やかな香りがたつのに対し、こちらは時間をかけて炒めることで生まれる凝縮された香り。まさに火のマジックです。

唐辛子は乾燥野菜。水で戻して使います。

次は、「麻辣ダレ」。こちらも中国の料理には欠かせないタレで、水餃子や和え麺、野菜料理にかけるなど、なにかと重宝します。香辛料の香りを油に移して作るという考え方は香味ダレと同じ。作り方を説明する前に、唐辛子について少しお話ししましょう。

みなさん、唐辛子は乾燥したものをお使いだと思いますが、料理の際はどうやって使っていますか？ フライパンに油と唐辛子を入れて、そのまま火にかけていませんか？ そうすると、火加減によってはうっかり焦がしてしまうことがあると思います。粉状の唐辛子ならなおさらです。ですが、考えてみてください。唐辛子は乾燥野菜。水分が抜けているのですから、いきなり火にかけると焦げてしまうのは当然ですね。だから、中国では焦げないよう、熱した油をお玉ですくってそのまま唐辛子にかけたりしますが、この方法は慣れない人にはちょっと怖いと思います。火事になっては大変ですしね。

そこで私が考えたのが、唐辛子に水を含ませてから火にかけるやり方です。そう、干し野菜を水で戻してから調理するのと同じですね。唐辛子は、火の力で香りを引き出してこそ、持ち味を発揮します。これなら焦げることなく、じっくりと火にかけることができるので失敗することはありません。

ちなみに唐辛子は、日本の一味唐辛子ではなく、少し甘みのある粗挽き唐辛子を使ってください。日本だと韓国料理に使う唐辛子が手に入れやすいと思います。

では早速、「麻辣ダレ」を作ってみましょう。

最初に、粗挽き唐辛子に水を入れてよく混ぜます。水の量はだいたい唐辛子の半量ほどが目安です。唐辛子が水を吸収したところで、フライパンにごま油と唐辛子を入れます。ここでは、まだ火はつけません。このまま火にかけると、唐辛子が塊になっている部分と油に温度差ができて火の通りにムラが出てしまいますので、全体を混ぜて、なじませてから火にかけましょう。

弱火にかけたら、混ぜながら唐辛子の香りを引き出していきます。水では対流が起こりますが、油は粘性が高く、対流が生まれません。ですので、絶えず混ぜながら全体をなじませてあげる必要があるのです。

香りを引き出すと同時に唐辛子の水分をゆっくり飛ばしていきますが、はじめはトロトロだった液体がサラサラになってくるのが目安。そして、「これ以上水分が飛んだら焦げる」というところで黒酢と醬油を加えます。油は急には温度が下がりませんから、液体を加えることで温度をコントロールするのです。最後は香味ダレ同様、煮立たせて味をなじませ、炒りごまと花椒粉を加えてひと混ぜしたら完成です。

じっくり熱を加えたことで、辛いだけでなく、甘みと香ばしさも感じられるでしょう? 唐辛子は体を温めてくれる野菜ですから、たくさん食べたいものです。

最後は「豆豉ダレ」。赤のタレ（麻辣）に対して、こちらは黒のタレです。豆豉は中国ではよく使う調味料で、主原料は黒豆です。醬油や黒酢と同じく発酵食品ですから、体にもいいのです。「香味ダレ」「麻辣ダレ」同様に、長ねぎと豆豉の香りをしっかり油に移して作ります。

この豆豉ダレは、シンプルに焼いた肉や蒸した魚にも合いますし、カツオのたたきに合わせてもおいしいです。特にみなさんに好評なのが、納豆のタレとして使うもの。豆と豆の組み合わせが相性抜群です。

唐辛子は、使う前にこうやって水で戻せば、
火にかけたときに焦げないので安心です。
水を入れたら、全体を混ぜるのを忘れないように。

香味ダレ

●材料（作りやすい分量）
しょうが　2かけ
長ねぎ　10cm
にんにく　2片
黒酢　大さじ5
醬油　大さじ5
太白ごま油　大さじ2

1 しょうが、にんにくはみじん切り、長ねぎは小口切りにする。
2 フライパンに太白ごま油、1を入れて弱火にかけ、じっくり炒めながら香りをたたせる。
3 うっすら色がついたら、黒酢、醬油を入れて煮立たせる。

冷や奴に

刻んだ香菜の上に豆腐をのせて香味ダレをかけました。時間をかけてじっくり火を通した香味野菜は、香りもやわらかく、複雑な味わいに。シンプルな料理をぐっと引き立ててくれます。

麻辣ダレ

●材料(作りやすい分量)
粗挽き唐辛子　大さじ6
炒り白ごま　大さじ3
花椒粉　大さじ1
黒酢　大さじ6
醬油　大さじ6
ごま油　大さじ6
水　大さじ3

① 粗挽き唐辛子に水を加えてよく混ぜ、吸収させる(p39参照)。

② フライパンにごま油と①を入れ、よく混ぜてから弱火にかける。絶えずかき混ぜながら水分を蒸発させ、香りをたたせる。

③ 水分が飛んでサラサラした状態になったら、黒酢、醬油を入れて煮立たせる。炒り白ごま、花椒粉を加えてひと混ぜする。

素揚げ野菜

ごぼうは10㎝ほどの長さに切って叩き、かぼちゃ、さつまいも、ゴーヤは大きめに切って素揚げにします。素揚げなら、野菜の水分がありますから、油をそれほど吸いません。基本のタレでさっぱり食べるのもいいですが、ゴーヤと麻辣ダレの組み合わせはクセになりますよ。

水餃子に

やっぱり水餃子には黒酢のタレが一番。とっておきの熟成黒酢だけをつけて食べることもありますし、辛みが欲しいときは麻辣ダレで。

豆豉ダレ

●材料（作りやすい分量）

豆豉　45g
長ねぎ　30cm
酒　大さじ6
黒酢　大さじ3
醬油　大さじ3
はちみつ　大さじ1
太白ごま油　大さじ6

1 豆豉は粗く刻み、長ねぎはみじん切りにする。
2 フライパンに太白ごま油、長ねぎを入れて弱火にかけ、炒める。
3 香りがたったら豆豉を入れてさらに炒め、酒を加えて煮立たせる。黒酢、醬油、はちみつを加えて⅔くらいの量まで煮詰める。

納豆ごはんに

納豆と豆豉は、豆と豆、そして発酵食品同士の組み合わせ。これに黒酢のやわらかな酸味が加わり、ごはんによく合うのです。

茹でブロッコリー

●材料(2〜3人分)
ブロッコリー　1個
豆豉ダレ　大さじ2

①ブロッコリーは一口大に切る。
②①をさっと茹でて水にさらし、しっかり水気をきる。
③②を豆豉ダレで和える。

ブロッコリーは、茎の部分も生かして少し長めに切ります。大きめの房は、食べやすいよう縦に切って、タレとの絡みをよくします。

味変にも活躍するタレ。楽しみが広がります。

毎日の家庭料理に合わせやすい黒酢ダレを10種類ご紹介しました。ひとつでもふたつでも、ご自分の作る料理に合わせやすいもの、好みにあったものを試してみてください。体にいい材料で簡単にタレが作れることがお分かりいただけると思います。

タレさえあれば、途中で「味変」することもできますし、子どもには辛くないタレを使い、大人が食べるものにだけ辛いタレをかけることもできますね。大人用、子ども用と別々に料理するのは大変ですから。

また、タレを2~3種類作っておいて、ミックスするのもおすすめです。例えば、写真のように、冷や奴に麻辣ダレ（44ページ）と豆豉ダレ（47ページ）をかければ、あっという間に「冷やし麻婆」！　麻婆豆腐の調味料はすべて入っていますし、簡単でいいでしょう？　ごまダレと麻辣ダレの組み合わせもおいしいですし、自分の好きな味を見つける楽しみもありますね。

黒酢とは

酢は、穀物など糖分を持つ原料を酒にし、さらに酢酸菌で発酵させた調味料。例えばヨーロッパでは、ワインとともに、ぶどうを原料にした果実酢であるワインビネガーやバルサミコ酢が根づいていますが、日本では穀物酢が主流です。もっともなじみがあるのは米を使った「米酢」ですが、「黒酢」は「米酢」と同様、穀物酢の一種に分類されています。

米酢との違いは原料の違いで、米酢が「精米」を使って作られるのに対し、黒酢は主に「玄米」から作られます（副原料として小麦、大麦の使用は認められる）。大麦のみを原料として作った黒酢もあり、そちらは「大麦黒酢」と呼ばれています。

できあがった黒酢と米酢は、香りや風味に違いがあります。黒酢は米酢と比べてツンとした刺激が少なく、香り高いのが特徴で、うまみも強い。また、黒酢は米酢に比べて熟成期間が長いため、酸味がやわらかく、まろやかになるのです。

酢は、他の発酵調味料と違って塩分を含みませんから、健康のためにもたくさんとりたいものです。酢の主成分である酢酸には、食後血糖値の上昇を抑制したり、内臓脂肪の減少を助ける効果、他にも血圧低下、疲労感の軽減などさまざまな効果がありますが、黒酢はさらにアミノ酸を豊富に含んでいます。アミノ酸は、人間の体重の15～20％を占めるたんぱく質を構成する重要な栄養成分で、筋肉や血液、皮膚といった体のあらゆる組織を作るもの。黒酢が免疫力アップ、美容にも効果があると言われるのはそのためです。

毎日食べたい魚

まるごと食べる天然のサプリメント

安くて体にいいから、減塩、減糖しながら毎日食べたい。

私が日々欠かさず食べているものがあります。それは「じゃこ炒め」です。ちりめんじゃこは、中国にはない食材。日本に来てはじめてこの存在を知ったとき、「魚をまるごと食べられるうえに、ひと口で１００匹食べられる。なんて贅沢！」と思いました。カルシウムも豊富で、毎日食べてもお財布にもやさしい。本当に贅沢なことですよ。魚天国の日本でこれ以上ない、天然のサプリメントだと思います。

じゃこは日持ちもしますから、北京に帰るときにもよくお土産で買っていきました。数年前に亡くなった父も気に入って食べていましたが、途中から「ちりめん山椒」の山椒だけを除けるように(笑)。これはやはり好き嫌いがありますし、子どもにもちょっと無理ですね。かと言って、佃煮は甘じょっぱくて、そのままでは量を食べられない。あれは白ごはんといっしょに食べるものですから、たくさんは食べられません。

それで、どうやったらじゃこをたくさん食べられるか考えたときに、これには黒酢が一番だと思ったのです。

作り方は簡単です。じゃこをごま油で炒めたあと、黒酢で味をつけて水分を飛ばすだけ。じゃこ自体に塩分がありますから、塩味はこれでじゅうぶんです。

日本の食生活はどうしても塩分が多くなりがち。日本人の食塩摂取量は世界でもかなり高くなっていて、さらに現代は、糖質過多の時代でもあります。健康のためにも、醤油や砂糖はできるだけ控えたい。そんなとき私は、黒酢のうまみと香りを活用します。

ところでこのじゃこ炒め、「酢だけで味つけするなんて、酸っぱくならない？」と思うかもしれませんが、それが違うのです。むしろ、酸味はほとんど感じないと思います。うまみがあって、まろやかな黒酢だからできることなのです。この作り方なら、醤油も砂糖も使いませんからヘルシーですし、酢の防腐効果もあります。それに、シンプルな味つけですから、毎日の食事にも取り入れやすいのです。

特に、子育て中のお母さんたちは、子どもにどうやって魚を食べさせようかと悩みますよね。食べさせたいけど、骨もあるし、生臭さもあってなかなか思うように食べてくれない。ですが、魚はじゃこでじゅうぶんだと思います。ごはんやお粥にのせてもいいし、おにぎりにすればパクパク食べてくれますよ。うちの子どもたちはカルシウムたっぷりのじゃこ炒めをたくさん食べて育ったせいか、今でもまったく虫歯がありません。

私はこのじゃこ炒めを毎日食べます。スプーン1杯すくってパクッと食べるときもありますし、レタスで巻いたり、蒸し野菜にのせて食べたりすることも。特に、ジューシーに蒸したパ

蒸したパプリカを器にし、
じゃこ炒めをたっぷりのせます。
アレンジで大葉を混ぜるのもおすすめ。

じゃこ炒めをごはんに混ぜることで
米の表面が油でコーティングされ、
血糖値の急激な上昇も防げます。

プリカにたっぷりのせて食べるのが大好きです。パプリカをちょっと切ってサラダに混ぜるだけ、なんてもったいない！　ぜひまるごと1個蒸して食べてください。「蒸しなす」（33ページ）と同じ要領で蒸しますが、作り方をご説明しておきましょう。

蒸しパプリカ

1. パプリカは縦に4等分して種をとる。
2. じゅうぶんに蒸気のあがった蒸し器にパプリカを入れ、強火で2分、弱火で2分蒸す。
3. 火を止めてそのまま10分おき、余熱で火を通す。

「パプリカってこんなに甘くておいしかった？」と、みなさんびっくりする味わいですし、おもてなしの前菜にもいいですよ。

また、「いりこ炒め」もわが家には欠かせないもの。いりこはじゃこ同様、まるごと食べられる魚ですから、積極的に取り入れたい食材です。炒めるときは、こちらもいりこの塩分がありますから、塩や醤油は使わず黒酢で味つけします。小腹がすいたときにちょっとつまんだり、お茶うけにもいいと思います。

じゃこ炒め

◎材料(2〜3人分)
ちりめんじゃこ　30g
酒　大さじ1
黒酢　大さじ½
黒こしょう　少々
ごま油　大さじ1

① フライパンにごま油とちりめんじゃこを入れて火にかける。
② 全体に油がなじむよう炒め、酒、黒酢を入れる。
③ さらに炒めて水分がなくなったら、黒こしょうをふって香りをつける。

いりこ炒め

●材料（2〜3人分）
いりこ　30g
素焼きミックスナッツ　30g
酒　大さじ1
黒酢　大さじ1
黒こしょう　少々
ごま油　大さじ1

1 フライパンにごま油といりこを入れて火にかける。
2 全体に油がなじむよう炒め、酒、黒酢を入れる。
3 さらに炒めて水分がなくなったら、黒こしょうをふって香りをつけ、ミックスナッツを加えてさっと炒める。

南蛮漬けには、砂糖も醤油も使いません。

じゃこ、いりこの次は豆アジです。ちょっとずつ大きくなってきました（笑）。

栄養も豊富な青背の魚はたくさん食べたいものですが、私は、アジ一筋。好きな食べ方は、これからご紹介する「アジの南蛮漬け」か、そうでなければ干物かフライ。とにかく好きで、よく食べます。ちなみに私は、干物にも醤油はかけません。黒酢が基本で、もの足りないときは、しょうがダレ（24ページ）をかけるとおいしいんですよ。臭み消しには、やっぱりしょうがですから。

話は戻りますが、特に豆アジは、安く買えますし、見かけたら買わずにはいられません。夕方買い物に行って値引きされているときは、大喜びで買い占めてしまいます。ちなみに私がいつも買い物をするスーパーは、この豆アジのわたを取る下処理までしてくれる、とってもありがたいお店。そのせいか近ごろは、店頭で見かけると家族まで豆アジを買ってくるようになりましたが、そうなったら、私はどんなに疲れていても「明日のための貯金」と、せっせとアジを揚げるのです。

低めの温度で
じっくりと火を通し、
アジの水分を抜くことで、
タレがしっかりしみこみます。

では、南蛮漬けの作り方です。

まず、アジは、家で処理をする場合、えらとわたを取り除き、お腹の中まできれいに洗います。洗ったあとは、内側や首の付け根までしっかり水分を拭き取ること。こうすることで、油ハネをおさえられます。アジの下処理が済んだら、揚げる前に漬けダレを作ります。

漬けダレのポイントは、たっぷりの玉ねぎ。薄切りにして、にんにくといっしょに透明になるまでじっくり炒めて「甘みのもと」を作ります。

そこに酒と黒酢を加えて煮立たせ、粗塩で味をととのえたら、漬けダレの完成。ここでも醤油と砂糖はまったく使っていませんが、玉ねぎの甘みと黒酢のうまみでじゅうぶんなのです。それに、ツンとした、とがった酸っぱさがないのも、まろやかな香りの黒酢ならではだと思います。

さあ、タレができたところで、アジを揚げていきましょう。

揚げる際は、漬けこんだときにタレがしっかりしみこむよう、カリカリになるまで低めの温度でじっくり素揚げします。アジの大きさにもよりますが、160〜170℃で、だいたい15分近くかけて揚げるイメージです。ちょっと時間はかかりますが、ここはおいしくするための頑張りどころ。

そのくらいじっくり揚げると、アジは水分が抜けてカリカリになります。揚げたては香ばし

甘みは、このたっぷりの玉ねぎ。
そこに黒酢のうまみを加えれば、
醤油もいりません。
砂糖、醤油不使用の漬けダレ。

このくらいカリカリになるまで。揚げたてはとっても香ばしい。

く、サクサクの食感。子どものおやつにも最高です。ですが、あまりつまみ食いしていると、漬けこむ分がなくなってしまいますのでほどほどに。あとは、揚げたてのアジをタレにひと晩漬けこめば南蛮漬けの完成です。

まろやかですっきりした味ですから、酸っぱいのが苦手な人でも食べられますし、酢の効果ですっかり骨がやわらかくなっているので、子どもでも大丈夫。カルシウムもたっぷり。食べた人はたいてい、「本当に醤油も砂糖も入っていないんですか?」と驚きますが、素材の持つ自然な甘みやうまみを生かせば、余計な味つけはしなくていいんですね。

近ごろは豆アジを見かけることが少なくなりましたが、魚の国・日本ならではの、安くておいしくて、体にいい食材。ぜひ積極的に食べてほしいと思います。

熱いうちにタレをかけて
ひと晩おきます。
酢の効果で、さらに
骨がやわらかくなります。

アジの南蛮漬け

◉材料(2〜3人分)
豆アジ(わたをきれいに処理したもの)
200g
玉ねぎ　1個
にんにく　1片
黒酢　大さじ2
酒　カップ½
粗塩　小さじ½
太白ごま油　大さじ½
揚げ油　カップ1

1 豆アジは腹の中までキッチンペーパーで水気をしっかり拭き取る。玉ねぎとにんにくは薄切りにする。
2 フライパンに太白ごま油とにんにくを入れて弱火にかけ、香りがたったら玉ねぎを入れてじっくり炒める。
3 玉ねぎが透明になったら、黒酢、酒を入れて煮立たせ、粗塩で味をととのえて火を止める。
4 揚げ油を160〜170℃に熱し、豆アジをカリカリになるまで12〜14分ほど揚げて油をきる。
5 4が熱いうちに容器に並べて3をかけて浸し、ひと晩おく。

使う野菜は一種類

野菜の持ち味を引き出す力

味つけだけが調味料の役割ではありません。

近ごろの野菜は、とてもおいしくなりました。昔のトマトは酸っぱくて、生で食べるのは大変だから砂糖をかけて食べたりしていたそうですが、今はフルーツトマトなんて「あなたは野菜なんだから！」と言いたくなるほどの甘さ。私が日本に来てから30年以上たちましたが、野菜はみんな甘く、おいしくなりました。

それほど味がよくなったのですから、素材も調味料のひとつと考えて、素材の味をそのまま生かした料理をするのが一番じゃないでしょうか。あれもこれも入れる必要はないですよね。それに、余計な味つけをやめれば、結果的に減塩、減糖で健康にもなる。一石二鳥だと思いませんか？

ですが、シンプルに作るからといって、簡単なわけではありません。むしろ、これからご紹介する素材一種類の野菜料理は、丁寧な下ごしらえや料理の基本が出来栄えを左右します。素材のおいしさをいかに引き出すかがポイントです。

例えば「もやし炒め」。シンプルな野菜料理で、みなさん好きですが、おいしく作るのは難しいし、手間のかかる一品でもあります。

もやし炒めのおいしさの秘訣は第一に、丁寧な下ごしらえにあります。まずはひげ根と芽をきれいに取り除く。面倒ですが、これが何より大切です。ひげ根や芽は傷みやすい部分でもありますから、取らないと口の中になんとも嫌な食感が残るのです。一度ひげ根を取ったもやし炒めのおいしさを知ると、ひげ根が残ったものは食べられなくなりますよ。

第二に黒酢。「もやし炒めに黒酢?」と意外に思われるかもしれませんが、もやし炒めにはなくてはならない存在。これがあることで、もやし本来のおいしさが引き出された炒め物になるのです。早速、作ってみましょう。

まず、フライパンに油を入れて火にかけ、もやしを入れたら油とよくなじませます。そこから5分ほどでしょうか、もやしに透明感が出てくるまで弱火でじっくり炒めます。後ほど詳しくお話ししますが、「強火で一気に」ではありませんよ。「弱火でじっくり」です。もやしに油をまとわせることで熱を早く吸収できるわけですから、ここでちゃかちゃか混ぜすぎると、もやしになかなか熱が入りません。あまりいじらずゆっくり温め、熱がまわったところで混ぜるのがポイントです。

もやしに透明感が出たら、黒酢と粗塩を加えます。ここでの黒酢の役割は、もやし特有の豆の臭いを中和し、本来のうまみや風味、食感を引き出すこと。変色しないよう、きれいに仕上げる効果もあります。

黒酢を加えることで、
もやし本来の味、
食感、美しさを味わえる
炒め物になるのです。

もやし炒め

◉材料(2〜3人分)
緑豆もやし　1袋
黒酢　小さじ1
粗塩　小さじ⅓
黒こしょう　少々
太白ごま油　大さじ1

① もやしは洗ってひげ根と芽を取り除く。
② フライパンに太白ごま油を入れて弱火にかけ、①を入れて全体に油がなじむようじっくり炒める。
③ もやしに透明感が出たら、黒酢、粗塩を入れてなじませ、黒こしょうをふって香りをつける。

中国のもやし炒めは「銀針」と呼ばれ、美しいもの。醬油は使いません。黒酢は隠し味ですから、入れるのはほんの少しです。ほんの少しですが、入れるのと入れないのとでは、仕上がりがまるで違う。きれいな味になります。黒酢は決して表には出ませんが、裏方としてもやしの良さを引き立ててくれる、まさに名脇役なのです。

炒め物は
汗をかかせないこと。

「じゃがいも炒め」でも、黒酢は裏方として重要な働きをします。もやし炒め同様、ここでも下ごしらえが肝要。まずはじゃがいもを丁寧に千切りします。時々、「先生、どうしても棒切りになってしまいます……」と言う人がいるのですが、千切りですよ。薄く細く、きれいに切り揃えてください。切り終わったら、さっと洗って表面のでんぷん質を落とします。余計なでんぷん質が抜けることで、炒めたときに食感がよくなります。

先ほど炒め物の火加減の話をしましたが、じゃがいも炒めも、火加減は弱火です。「炒める」というより「温める」イメージですね。私たち人間も、体が熱くなると、その後一気に汗をかくでしょう? 野菜も同じです。熱くしすぎると汗をかき（水分が出る）、脱水状態になってしまうので、汗をかかない程度の火加減でじんわり温めてあげるのです。そうすれば、水っぽくなることもありませんし、野菜の表面を覆う膜の中に水分とうまみを閉じ込めることができます。

じゃがいも炒めの食感に一役買ってくれるのが黒酢です。じゃがいもやれんこんは、加熱するとペクチンが分解され、崩れてしまう性質がありますが、酢を加えることでそれを防ぐことができます。ですから、じゃがいもに油がまわったところですぐに黒酢を加え、じっくり炒めます。そうすることで口当たりのいい、シャキッとした食感になるわけです。

このじゃがいも炒めは、うちの子どもたちにもずいぶん食べさせました。フライドポテトよりはるかに健康的だし、同じ炭水化物なら、白ごはんをたくさん食べるより栄養もあって、糖質をおさえることもできますよね。育ち盛りの子どもだけでなく、大人も同じように考えればいいと思います。

体によいものは毎日少しずつ継続的に食べましょう。

「れんこん和え」「ビーツ和え」も、野菜の味をそのままに味わう料理。茹でて食べますが、茹でる際、お湯の量に対して3％の黒酢を加えることで、れんこんは色白で食感よく、ビーツは色鮮やかですっきりした味になります。

ビーツは、みなさんあまりなじみがないかもしれませんが、「食べる輸血」と言われるくらい、栄養のある野菜です。茹でるのに1個も2個も手間は変わりませんから、私はまとめて茹でて、数日かけて食べています。体が吸収できるのにも限界がありますから、こういう栄養のあるものは、一度にたくさん食べるのではなく、少しずつ継続的に食べるのがいいんですね。病気になったから、じゃなくて、病気にならないように、日々、体にいいものを食べたいと思います。

ビーツは、大きなものだと茹でるのに1時間近くかかりますが、火を止めたあと、そのまま茹で汁の中にひと晩おいておきます。そうすると、中までやわらかくなって、おいしくなるんです。茹で汁から引きあげたあとは、水気を拭いてラップをし、保存容器に入れます。

また、食べるときは、その日に食べる分だけ切り分けて。残しておくほうは、必ずラップの上から触り、素手では触れません。ちょっとしたことですが、自分と家族の健康のために、普段から衛生管理には気をつけています。

酢を入れて茹でていますので、ビーツ特有の土臭さもなく、雑味のない味になります。私は乱切りが好きですが、切り方はみなさんのお好みでどうぞ。シンプルにごま油と粗塩、黒こしょうで和えるだけ。これ以上、何もする必要のないおいしさですから。

じゃがいも炒め

◉材料(2〜3人分)
じゃがいも(メークイン)　2個
黒酢　大さじ1
粗塩　小さじ⅓
花椒(粒)　10粒
太白ごま油　大さじ½

① じゃがいもの皮を剝いて千切りにし、さっと洗ってしっかり水気をきる。
② フライパンに太白ごま油と花椒を入れて弱火にかける。香りがたったら①を入れて全体に油がなじむよう炒め、すぐに黒酢を入れる。
③ 透明感が出るまでじっくり炒めたら、粗塩をふって仕上げる。

れんこん和え

◉材料（2〜3人分）
れんこん　200g
黒酢　適量
粗塩　小さじ1/3
黒こしょう　少々
ごま油　大さじ1

①れんこんの皮を剥き、縦に棒状に切る。
②湯に3%の黒酢を加え、①を7〜8分茹でてしっかり水気をきる。
③粗塩、黒こしょう、ごま油で和える。

ビーツ和え

◘材料（2〜3人分）
ビーツ　1個
黒酢、粗塩、黒こしょう、ごま油　各適量

① 湯に3％の黒酢を加え、ビーツをやわらかくなるまで30〜40分茹でて火を止め、そのまま茹で汁の中でひと晩おいて落ち着かせる。
② 茹で汁から引き上げたら皮を剝いて好みの大きさに切る。粗塩、黒こしょう、ごま油で和える。

中国の黒酢事情

実は、中国では「黒酢」という言い方はしません。山西省で作られた酢は「山西老陳醋」、江蘇省の鎮江では「鎮江香醋」、北京は「北京酢」というように、地名で表現するのが一般的。日本における地酒や味噌のようなものでしょうか。中国は広く、北と南で風土も大きく異なるので、酢の原料や熟成方法も地域ごとに違い、自然にそれぞれ特徴的な酢になるのです。

例えば山西老陳醋は豊かな風味が特徴で、主原料は高粱《コーリャン》などの雑穀です。厳しい気候風土のこの地域では、小麦や野菜の栽培も難しいため、この穀物酢がビタミンやミネラルの摂取源です。また、「鎮江香醋」の主原料はもち米で、香ばしさと酸味の中に甘みもある、少し癖のある味。一方、北京の酢は、あっさり軽やかで、ほどよい酸味。色もつきすぎないので料理にも使いやすいです。

調味料のコーナーには、北京酢もあれば「広東酢」も鎮江香醋もあります し、家庭の台所では数種類の酢を使い分けます。野菜を茹でるときにも気兼ねなくたっぷり使えるもの、ほどよい値段でおいしいもの。20年以上長期熟成された酢は、ちょっとだけつけて食べるもので、言わばサプリメントのような存在。家族で大切にいただきます。

ところで、冒頭で、中国では黒酢という言い方はしないと言いましたが、面白いことに「白酢」はあります。日本の米酢は黄色がかっていますが、中国の白酢は水のような色。こちらは主に、料理を白く仕上げるためにプロの料理人が使うもので、本当に酸っぱい。家庭料理にはやはり、黒酢なのです。

小麦粉との密な関係

主食は麺

主食はおかずと いっしょに食べるもの。 飽きのこない味つけに。

私が育った北京は小麦の文化。日本人がお米を研いでごはんを炊くように、小麦粉をこねるのが当たり前の日常です。もちろんお米も食べますが、主食は圧倒的に小麦。レストランに行くと、小麦粉を使った料理はお金を払って食べますが、ごはんは無料なのですよ。

その小麦粉を使った料理でみなさんに馴染みが深いのは、やはり麺でしょうか。ここでは「焼きそば」「和え麺」「酸辣麺《サンラーメン》」の3つの麺をご紹介しますが、これらは主食として食べる麺。白ごはんといっしょで、主食はおかずといっしょに食べるものですから、味つけはごくごくシンプルに。飽きのこない味つけが一番です。

なぜかって、麺といっしょに肉も野菜もまとめて入れてしまっては、主役である麺のおいしさが分からなくなるでしょう? それに、一品で同じ味を食べ続けると、飽きてしまいますよね。ですから麺は主食と考えて、肉や野菜は別のおかずにして食べればいいのです。例えば、豚肉は焼きそばには入れず、豚しゃぶにしたり、さっと焼いても。キャベツはスープにすればいい。豚肉とキャベツで回鍋肉《ホイコーロー》でも。そうすれば、主食とおかずで献立が完成しますね。

では、主食の焼きそばを作りましょう。

はじめに、焼きそばに使う蒸し麺を常温に戻しておきます。冷たいままだと炒めるときに麺がほぐれにくくなりますので、あらかじめ冷蔵庫から出しておきます。大事なことですから、これは必ず守ってください。そして長ねぎを薄切りにします。切るときは、断面が大きくなる斜め薄切りにすると、麺とよく絡みます。

フライパンに太白ごま油と長ねぎを入れて火にかけ、香りがたつまで炒めます。ねぎの香りは「うまみのもと」ですから、ここでしっかり香りをたたせてください。香りがたったところで麺を入れ、全体を炒め合わせます。全体が混ざったら、酒をふってすぐにフタをし、2分ほど蒸し焼きにします。麺をサウナに入れてあげるのですね。こうして温めることで麺がふっくらし、ふんわりやわらかな焼きそばに仕上がります。

サウナに入ってコンディションが整ったところで、いよいよ味つけ。ここで使うのが黒酢です。黒酢は、小麦粉ととても相性のよい調味料。米の甘さを引き出してくれるのが塩だとしたら、小麦粉の甘さを引き出してくれるのは黒酢の酸味。餃子に黒酢をつけて食べるのも同じ理由で、小麦粉と黒酢は密な関係にあるのです。

ですから、この焼きそばにも黒酢は必須。ここでは隠し味として使いますから、まず黒酢から回しかけ、そのあとに醬油を少し。全体を絡め、最後に粗塩、黒こしょうで味をととのえます。

どうですか？　とてもシンプルな焼きそばですが、ねぎの香りでうまみ、黒酢の力で甘みが引き出され、「そば」のおいしさを感じられるでしょう？　今回は醤油で味をつけましたが、粗塩だけで作ってもおいしいですよ。

「和え麺」も、同じく麺のおいしさを味わう料理。袋の表示時間通りに茹でたら引き上げて、冷水でしめてしっかり水気をきりましょう。あとは、香味野菜と黒酢ダレで和えるだけです。

ここでは、先にご紹介した、ごま醤油ダレ（30ページ）と麻辣ダレ（44ページ）で味つけしました。香味ダレ（42ページ）を合わせれば上海風になりますし、豆豉ダレ（47ページ）もおいしいですよ。

「酸辣麺」は温かいうどん。桜エビを使うので、だしもいりませんし、スープに黒酢を入れることによって、麺の甘みが引き立ちます。ちなみに私は、いつも冷凍うどんをストックしています。すぐに使えて便利ですからね。乾麺はどうしても塩分が高くなりがちですし、できるだけ塩分を控えた食事を心がけています。

焼きそば

◉材料（2人分）
蒸し麺　2人分
長ねぎ　½本
黒酢　大さじ½
醤油　大さじ1
酒　大さじ2
粗塩　少々
黒こしょう　少々
太白ごま油　大さじ1½

①麺は常温に戻す。長ねぎは斜め薄切りにする。
②フライパンに太白ごま油と長ねぎを入れて弱火にかけ、香りがたつまでじっくり炒める。
③②に麺を入れて全体を炒め合わせ、酒を加えてフタをし、2分程度蒸し焼きにする。
④黒酢、醤油を入れて絡め、粗塩、黒こしょうで味をととのえる。

和え麺

◎材料(2人分)
中華麺　2人分
きゅうり　1本
香菜　1～2本
ごま醤油ダレ(p30)　大さじ3
麻辣ダレ(p44)　適宜

①きゅうりは細切り、香菜は長さ2cmに切る。
②袋の表示時間通りに麺を茹でて冷水でしめ、しっかり水気をきる。
③①と②を合わせてごま醤油ダレで和える。お好みで麻辣ダレ大さじ½をかける。

酸辣麺

◉材料(2人分)
冷凍うどん　2人分
桜エビ　3g
万能ねぎ　2本
酒　大さじ1
黒酢　大さじ2
醤油　大さじ2
白こしょう　小さじ1
ごま油　大さじ½
水　カップ4

①万能ねぎは小口切りにする。
②鍋に水、酒、桜エビを入れて火にかけ、煮立ったら5分ほど煮る。黒酢、醤油、白こしょうを加えて味をつける。
③②にうどんを入れて煮る。ごま油で香りをつけて盛りつけ、①をのせる。

まろやかに、やわらかく、
さっぱりと

少ない調味料で作る肉のおかず

4つの煮物

少ない煮汁で
ゆっくり肉のうまみを
引き出します。

主食の次は、肉のおかずです。

肉のたんぱく質は元気のもと。野菜にはない力強さですよね。人間は生きていかないといけませんから、まず力をつけるものを食べて、それから野菜で体を整えていくのです。

その肉をおいしく食べるために、どうしたらいいか。例えばステーキなら塩とこしょうで食べる、といったように、味つけはできるだけシンプルにし、肉そのもののおいしさを感じられる方法が一番だと思います。これは野菜でも麺でも同じことですね。

ここでは、鶏、豚、ラム、牛の4種類の肉を使った煮物を作りますが、肉のうまみを引き出すために、私は黒酢を使います。さらに、できるだけ少ない調味料で煮て、肉の味をしっかりたたせる。その結果、すっきりした後味の煮物に仕上がります。黒酢の役割と煮物の考え方はどれも同じですから、「手羽中の煮物」を例にお話ししていきましょう。

まず、下ごしらえとして手羽中に切り目を入れます。こうすることで肉に味が絡みやすくなりますし、酢を入れて煮ることで、骨から煮汁にカルシウムが溶けだすメリットもあります。

切り目を入れたら、次は肉を下茹で。アクや余分な脂を落としておきます。みなさん、お化粧をするときは、まず洗顔をして汚れを落としてからファンデーションを塗るでしょう？ それといっしょで、肉もお風呂に入ってきれいに洗ってから味をつけるのです。

ここまで下ごしらえして、ようやく煮はじめます。鍋に酒、はちみつ、黒酢、花椒、手羽中を入れて火にかけます。黒酢には肉をやわらかくする効果がありますから、この段階で入れておきます。もちろん、米酢でも他の穀物酢でも肉はやわらかくなるのですが、黒酢には同時に、肉のうまみを引き出して、まろやかな味に仕上げてくれる利点もあります。酸味がマイルドでコクもありますので、煮物には黒酢のほうがいいと思います。

また、煮物は、煮汁と鍋のフタの間の空間に満ちる蒸気を利用し、温度と湿度を保ちながらゆっくり煮る料理。シチューではなく、具そのものを食べる料理ですから、水分はあくまで加熱するための媒体です。たくさんはいりません。そして煮汁が少ないということは、調味料も少なくて済むということ。最低限の調味料で肉のおいしさを引き立てるのです。

日本だと、煮物には落としブタを使うイメージだと思いますが、日本に来てはじめて落としブタを見たときには「小さくて、鍋とサイズが合っていないじゃない！」とびっくりしたものです。のちに分かったんですが、あれは本来、魚を煮るための道具ですよね。煮魚のように短時間でさっと煮あげる場合はよいけれど、肉は魚と比べて火が通るのに時間がかかりますので、落としブタでの調理は不向きです。しっかりフタのできる鍋で煮てください。

煮汁が煮立ったら弱火にし、フタをしてまず10分煮て、肉をやわらかくしていきます。黒酢が力を発揮する時間ですね。

10分たったら、香りづけと味つけ。ぶつ切りにした長ねぎ、薄切りのしょうが、たまり醤油を入れて、再びフタをして15分煮ます。長ねぎとしょうがは、長く煮すぎるとせっかくの香りがなくなってしまいますので、このタイミングで入れてください。また、たまり醤油がなければ普通の醤油でも構いませんが、コクが出るので、私は煮物にはたまり醤油を使います。含まれる塩分量が異なりますので、醤油で代用する場合は、少し量を控えるといいでしょう。

できあがりは、身が骨からほろっと外れるくらい肉がやわらかくなっています。酢を加えて煮ることで、肉のたんぱく質分解酵素が働き、肉をやわらかく仕上げることができるのです。黒酢のおかげで後味もすっきりした煮物に仕上がります。

煮あがったあとの煮汁は、お好みで水分を飛ばし、煮詰めてもいいですが、牛すね肉など脂が少ない肉の煮物は、煮汁もすっきりしていておいしいと思います。

「豚の角煮」「ラムのトマト煮」「牛すね肉と玉ねぎ煮」も、下茹でした肉をやわらかく煮て、味をつけるという流れは同じです。豚の角煮には相性のよい八角を加えたり、牛すね肉は、醤油ではなくオイスターソースで味つけをしたり。肉ごとに香りづけや調味料、煮る時間を変えていくのです。

ラムは、みなさん、あまりなじみがないかもしれませんが、北京ではよく食べる肉です。ビタミンB群や鉄分が豊富。低カロリー、高たんぱくな良質の赤身肉ですから、とてもヘルシーなんですよ。醤油とねぎとの相性は抜群で、煮ている最中も食欲をそそる香りが立ち込めます。さらに、やわらかく煮こんだラムとトマトの組み合わせに欠かせないのが、たっぷりのミント。この組み合わせにはみなさん驚きますが、ひと口食べれば納得してもらえるはず。ミントはどうぞケチらず、山盛り入れてくださいね。

4種類、どの煮物にも黒酢が入っていますが、ほとんど酸味は感じないと思います。ですが、肉本来のうまみが引き出されていて、まろやかで、やわらかく、さっぱりと。どれも黒酢の力によるものです。控えめで、決して主張はしないけれど、酢が「酸っぱくする」だけのものではないこと、お分かりいただけたでしょうか。

手羽中は、
切り目を入れることで
①味が入りやすい、
②煮汁にカルシウムが溶けだす、
③骨離れがよくなる。

手羽中の煮物

●材料（2〜3人分）
鶏手羽中　8本
しょうが　1かけ
長ねぎ　1本
A
酒　カップ⅔
はちみつ　大さじ½
黒酢　大さじ1
花椒（粒）　5粒
たまり醤油　大さじ2（なければ醤油　大さじ1½）

1 しょうがは薄切りに、長ねぎはぶつ切りにする。鶏手羽中は切り目を入れ、2分ほど下茹でして水気をきる。
2 鍋に1の鶏手羽中とAを入れて火にかけ、煮立ったら弱火にしてフタをし、10分煮る。
3 しょうが、長ねぎ、たまり醤油を入れてフタをし、さらに15分煮る。

たまり醤油は、原料のほとんどが大豆なので濃厚なコクとうまみがあり、煮物と相性がいいのです。一本持っておくと便利です。

豚の角煮

◎材料（2～3人分）
豚バラ肉（ブロック）　400g
A
酒　カップ1
はちみつ　大さじ1
黒酢　大さじ1
八角　½個
水　カップ1
たまり醤油　大さじ2　（なければ醤油　大さじ1½）

①豚バラ肉は一口大に切り、2分ほど下茹でして水気をきる。
②鍋に①とAを入れて火にかけ、煮立ったら弱火にしてフタをし、30分煮る。
③たまり醤油を加えてフタをし、さらに20分煮る（汁は好みで煮詰めても）。火を止めてそのまま20分おき、味を含ませる。

ラム、加熱したトマト、醤油は
相性抜群の組み合わせです。
クミンでさらに食欲をそそる香りに。

最後に、香りづけの長ねぎと、
たっぷりのミントを入れて仕上げて。
シルクロードの香り漂う煮物に。

ラムのトマト煮

◎材料(2〜3人分)
ラム肉(シチュー用)　300g
トマト(中)　1個
長ねぎ　1本
ミントの葉　適量
クミンパウダー　小さじ1
酒　カップ½
黒酢　大さじ1
たまり醤油　大さじ2(なければ醤油　大さじ1½)

①ラム肉は一口大に切り、2分ほど下茹でして水気をきる。トマトは乱切り、長ねぎは斜め薄切りにする。
②鍋にラム肉、トマト、クミンパウダー、酒、黒酢を入れて火にかけ、煮立ったら弱火にしてフタをし、30分煮る。
③たまり醤油を入れてフタをし、さらに20分煮る。
④フタをとり、汁を煮詰める。長ねぎを加えてさっと煮たら、火を止めてそのまま10分おき、味を含ませる。ミントの葉をたっぷり加えて盛りつけ、さらに全体に散らす。

トマトと相性のよいラム肉で作っていただきたいですが、手に入らなければ豚肉で作ってもいいでしょう。

牛すね肉と玉ねぎ煮

●材料(2〜3人分)
牛すね肉(シチュー用)　400g
玉ねぎ　1個
A
酒　カップ1
水　カップ1
黒酢　大さじ1
クミンパウダー　大さじ½
オイスターソース　大さじ1½
粗塩　小さじ⅓

①牛すね肉は一口大に切り、水から下茹でする。沸騰後、2分茹でて水気をきる。玉ねぎは皮を剝き、4〜6等分のくし形切りにする。
②鍋に①の牛すね肉とAを入れて火にかけ、煮立ったら弱火にしてフタをし、1時間煮る。
③玉ねぎ、オイスターソースを入れてフタをし、さらに30分煮る（汁は好みで煮詰めても）。粗塩で味をととのえ、火を止めてそのまま20分おき、味を含ませる。

火を止めたあとはなじませ、煮汁にしみ出たうまみを、肉と野菜それぞれに含ませます。

2種の甘酢あん

味の決め手は、甘みと酸味のバランス。そしてまろやかさです。

黒酢と相性のよい肉料理と言えば、やはり「酢豚」は外せません。これまでの料理では、黒酢は主に隠し味。裏方に徹してきましたが、この酢豚に限っては、黒酢の存在が少し前に出てきます。

私が作る酢豚は、豚肉だけのシンプルなものです。野菜が入ったトマトケチャップ味の酢豚は広東風。北京では野菜は入れず、黒酢で作ります。豚肉は、赤身と脂身のバランスのいい肩ロースを使います。

わが家では、鶏の唐揚げに黒酢の甘酢あんを絡めた、酢豚ならぬ「酢鶏」を作ることが多いです。子どもたちが食べ盛りのころは、鶏もも肉を4枚も5枚もまとめて唐揚げにしていましたが、揚げたそばからどんどんなくなっていくので、酢鶏にまでたどりつかないことも。だから私は絶対、合わせ調味料は先には作りませんでした。だって「今日はこれでおしまい！」ってなっちゃうかもしれませんからね（笑）。

では、酢豚と酢鶏の作り方です。

「酢豚」も「酢鶏」も、手順はどちらも同じで、まず、肉を切って下味をつけます。下味は、

酢豚：黒こしょう→しょうがのすりおろし→粗塩

酢鶏：黒こしょう→しょうがのすりおろし→醤油

の順に。先に肉の臭みを消してから、最後に味をつけるのです。下味は、合わせ調味料とは違います。それぞれに役割があるので、順番が大切です。

肉に下味をつけ、20分おいてなじませたところで揚げていきます。

揚げるときは、直前に片栗粉をまぶします。片栗粉は素材に味を定着させるための「糊」の役割にすぎません。つけすぎれば、その分、油もたくさん吸ってしまいますし、冷めたときにおいしくなくなる原因にもなります。衣は糖質でもありますから、できるだけ薄いほうがいい。私は３００gの肉に対して片栗粉は大さじ1杯半しか使いませんが、これを見て、「私は今までつけすぎていました！」と驚いていた人がいました。片栗粉を食べる料理じゃなくて、肉を食べる料理なんですから、これでじゅうぶんです。

肉を揚げたら、最後に合わせ調味料で絡めて仕上げます。

酢鶏は白ごはんにもよく合います。
前日の唐揚げを甘酢あんで絡めて、
お弁当のおかずにしても。

合わせ調味料には甘みを加えますが、豚肉には相性のいい黒糖を使いました。黒糖には風味に加えてミネラルも豊富に含まれていますし、豚肉のコクに負けない強さがありますね。

一方、鶏肉は豚肉に比べると、どうしても肉自体の味が薄く、繊細。黒糖だと負けてしまいますので甘味ははちみつにかえ、豆板醤を加えてピリッと辛みを出しました。他の料理でも同じことですが、誰と仲がいいか、相性がいいかを考えるんですね。

合わせ調味料は、あらかじめ混ぜ合わせてから火にかけます。しっかり煮立ったところで揚げた肉を入れ、手早く絡めて肉に甘酢あんをまとわせます。

他の肉料理と比べていくらか酢を感じると思いますが、甘みと酸味で構成する甘酢あんなので、それほど酢はたっていません。さらに、あんをしっかり煮立たせることで味のバランスがよくなります。この甘みと酸味のバランスのよさ、まろやかさは、黒酢ならでは。コクがあるのに、後味もすっきりしているでしょう?

今回は、酢鶏にはディルとみょうがをのせましたが、刻んだパセリもおすすめです。パセリは私の大好物で、野菜の中でもトップクラスにビタミンCが含まれているんですよ。香味野菜は味のアクセント。どうぞ自由に楽しんでください。

酢豚

◉材料（2〜3人分）
豚肩ロース肉（とんかつ用）　300ｇ
A
黒こしょう　少々
しょうが（すりおろし）　大さじ½
粗塩　小さじ⅓
B
黒酢　大さじ2
醤油　大さじ1
黒糖　大さじ1½
酒　大さじ1
にんにく　1片
片栗粉　大さじ1½
揚げ油　カップ1

①豚肉は一口大に切って切り目を入れ、Aの上から順に下味をつけて揉み、20分おく。にんにくは叩きつぶす。
②揚げ油を180℃に熱し、揚げる直前に豚肉に片栗粉をまぶして3分ほど揚げ、油をきる。
③フライパンにあらかじめ合わせておいたBを入れて火にかけ、煮立ったら②を入れてよく絡める。

酢鶏

◉材料（2〜3人分）
鶏もも肉(唐揚げ用)　300ｇ
みょうが　１個
ディル　適量
A
黒こしょう　少々
しょうが(すりおろし)　大さじ½
醤油　大さじ½
B
黒酢　大さじ2
豆板醤　小さじ１
はちみつ　大さじ１
酒　大さじ2
にんにく　１片
片栗粉　大さじ１½
揚げ油　カップ１

①鶏肉はAの上から順に下味をつけて揉み、20分おく。にんにくは叩きつぶす。みょうがは小口切りにする。
②揚げ油を180℃に熱し、揚げる直前に鶏肉に片栗粉をまぶして3分ほど揚げ、油をきる。
③フライパンにあらかじめ合わせておいたBを入れて火にかけ、煮立ったら②を入れてよく絡める。器に盛り、みょうが、ちぎったディルをのせる。

滋養をつけて体を整える

スープは栄養のある水分

スープは温かい飲み物。味つけは控えめにし、うまみを感じさせます。

最後に、スープについてお話ししましょう。

日本では、スープというと、味噌汁や豚汁のような、ごはんのおかずになるものが多いと思います。ですが、中国では、スープはどちらかというと温かい飲み物で、「栄養のある水分」という位置づけです。味つけも控えめで、内側から体を温め、栄養を体にいきわたらせて整えてくれる。それが私の考えるスープです。

飲み物と言っても、まったく味がないなら水でいいわけですし、栄養のために具材を入れるとなると、多少、味がないと飲みにくいですよね。だから、濃いだしを使わずに、どうやってうまみを感じさせるかを考えます。

そこで上手に使いたいのが黒酢です。黒酢には、しょっぱいもの、苦いもの、辛いものとのバランスをとって、中和してくれる力があります。中国には、「甜（甘み）」「酸（酸味）」「咸（塩味）」「苦（苦み）」「辣（辛み）」という「五味」の考え方がありますが、その五味の、味と味の接点を作ってくれるのが黒酢なのです。

例えば「豆腐ときくらげのスープ」。唐辛子の入った真っ赤なスープです。唐辛子が乾燥野菜だというのは先にお話ししましたが、唐辛子は調味料ではなく、干した「野菜」。体を温め、新陳代謝を活発にしてくれるもので、夏バテにもいい。日本では辛みを加えたいときにしか使いませんが、中国では野菜として日常的に食べます。たくさん食べたいけれど、「辣（辛み）」しか入れないと、ただ辛いだけになり、食べづらいですね。ですからここに黒酢を加え、辛みの角をとってあげるのです。こうすることで辛みが中和され、全体がマイルドになります。

同じく体を整えてくれるスープで、風邪をひきそうなときに私が必ず飲むのが「長ねぎと卵のスープ」。このスープは「長ねぎを食べるスープ」。長ねぎが主役です。長ねぎをまるまる1本、厚い斜め切りにしてじっくり香ばしく炒めて、「うまみのもと」を作ります。そこに醤油を入れて煮立たせ、さらに香ばしさを出したところで水と黒酢を加え、再び煮立たせます。くり返しになりますが、ここでもポイントは、一度しっかり煮立たせることと。それにより、黒酢の酸味がよりマイルドになり、全体が調和するのです。

最後に水溶き片栗粉でとろみをつけ、溶き卵を流し入れたら完成。このとき、火加減は必ず強火にしてください。しっかり対流が起きているところに溶き卵を流し入れることで、卵が自然にふわっと固まります。このスープは、うどんを入れて食べてもおいしいですよ。

そして「豚スペアリブと大根のスープ」は、黒酢を加えてゆっくり煮ることで、スペアリブの肉をやわらかくし、骨からうまみのだしをとります。「肉のおかず」の煮物のところでもお話ししたように、ここでもスペアリブは一度下茹でし、アクや余分な脂を落としてから煮てください。そうすることですっきり澄んだ味のスープになります。スープは飲み物ですから、きれいな味にするのが大事です。

そしてこのスープは、スペアリブのだしでたっぷりの大根が食べられるのも魅力。スライサーで千切りにすることで火の通りも早く、どっさり入れてもぺろりと食べられるんですよ。大根を1本買ってきたら、ぜひ作っていただきたいスープです。

最後の「ワンタンスープ」は、スープそのものには味をつけず、はじめにご紹介したタレをかけて食べます。こうすれば、味つけも、味加減も変えられますから、食欲がないときでも食べやすいですよね。ワンタンにはしょうがもたくさん入っていますから、体も温まります。

だしをとらずとも、「うまみのもと」と黒酢があれば、おいしい滋養スープが作れます。栄養のある水分で、体を健やかに整えましょう。

豆腐ときくらげのスープ

◉材料（2〜3人分）
絹ごし豆腐　1丁
乾燥きくらげ　10g
水　カップ4
黒酢　大さじ2
醬油　大さじ2
粗塩　ひとつまみ
白こしょう　小さじ½
粗挽き唐辛子　大さじ½
太白ごま油　大さじ1
片栗粉　大さじ1（水大さじ2で溶く）
ごま油　小さじ1

①絹ごし豆腐は一口大に切る。きくらげは水で戻して洗う。
②鍋に太白ごま油、粗挽き唐辛子を入れて火にかけて炒め、香りがたったらすぐに黒酢、醬油を入れる。煮立ったら、水、きくらげを入れて10分煮る。
③豆腐を入れてさらに2〜3分煮る。粗塩、白こしょうを入れ、水溶き片栗粉でとろみをつけ、ごま油を加えて香りをつける。

見た目は真っ赤ですが、辛いだけでなく、まろやかさのあるスープ。ワンタンや茹でた中華麺を入れて食べてもおいしいです。

長ねぎと卵のスープ

◉材料（2〜3人分）
長ねぎ　１本
卵　2個
黒酢　大さじ2
醬油　大さじ１
白こしょう　小さじ１
水　カップ4
片栗粉　大さじ１（水大さじ２で溶く）
太白ごま油　大さじ１

①長ねぎは1cm厚さの斜め切りにする。卵は溶いておく。
②鍋に太白ごま油、長ねぎを入れて火にかけ、香りがたつまで炒める。
③醬油を入れて煮立たせたら、水と黒酢を加えて沸騰させ、フタをして2分ほど煮る。
④白こしょうを入れ、水溶き片栗粉でとろみをつけたら強火にし、溶き卵を流し入れる。

⅄食欲のないときにはこれが一番。うどんを入れて食べるのもおすすめです。

豚スペアリブと大根のスープ

◎材料（2〜3人分）
豚スペアリブ肉　250ｇ
大根　300ｇ
しょうが　１かけ
長ねぎ　10㎝
黒こしょう（粒）　5〜6粒
酒　カップ½
水　カップ4
黒酢　大さじ１
粗塩　小さじ½

①豚スペアリブ肉は２分ほど下茹でして水気をきる。大根は皮を剝き、スライサーで千切りにする。しょうがは薄切り、長ねぎはぶつ切りにする。
②鍋に豚スペアリブ肉、しょうが、長ねぎ、黒こしょう、水、酒を入れて火にかけ、煮立ったら弱火にしてフタをし、10分煮る。
③黒酢を入れてフタをし、さらに30分煮る。
④大根を入れて２〜３分煮て、粗塩で味をととのえる。

ワンタンスープ

◉材料（2〜3人分）
ワンタンの皮　12枚
豚ひき肉　100ｇ
長ねぎ　3㎝
しょうが　1かけ
A
　醤油　大さじ½
　黒こしょう　少々
　ごま油　大さじ½
水　カップ4
白髪ねぎ　10㎝分
基本のタレ（p20）　大さじ2
　もしくは麻辣ダレ（p44）　大さじ½

① 長ねぎ、しょうがはみじん切りにする。
② ボウルに豚ひき肉、①を入れてAの上から順に下味をつけて混ぜる。ワンタンの皮で包む。
③ 鍋に水を入れて沸騰させ、②を入れて2分煮る。器に盛って白髪ねぎをのせ、好みのタレを回しかける。

撮影　邑口京一郎

スタイリング　西﨑弥沙

装丁・デザイン　若山嘉代子　L'espace

編集・取材　中島佳乃

制作協力　ミツカン

ウー・ウェン

中国・北京生まれ。ウー・ウェン クッキングサロン主宰。1990年に来日。料理上手な母から受け継いだ料理が評判となり、料理家に。医食同源が根づいた中国の家庭料理とともに中国の暮らしや文化を伝えている。主な著書に『ウー・ウェンの鍋 スープ』『ウー・ウェンの蒸しもの お粥』（ともに高橋書店）、『シンプルな一皿を究める 丁寧はかんたん』（講談社）、『10品を繰り返し作りましょう わたしの大事な料理の話』（大和書房）など。
https://cookingsalon.jp/

ウー・ウェンの毎日黒酢《まいにちくろず》

著者：ウー・ウェン

2024年12月6日　第1刷発行

発行者：清田則子
発行所：株式会社講談社
〒112-8001　東京都文京区音羽2-12-21
TEL：（編集）03-5395-3400
（販売）03-5395-5817
（業務）03-5395-3615

KODANSHA

印刷所：大日本印刷株式会社
製本所：大口製本印刷株式会社

定価はカバーに表示してあります。
落丁本、乱丁本は購入書店名を明記のうえ、小社業務宛にお送りください。
送料小社負担にてお取り替えいたします。
なお、この本についてのお問い合わせは、フロンティア事業部宛にお願いいたします。

127p 21cm

 ISBN978-4-06-538083-3